AF542623

# CATALOGUE
# DES LIVRES

SUR

LA THÉOLOGIE, JURISPRUDENCE, SCIENCES ET ARTS,
ÉCONOMIE POLITIQUE,
ARTS ET MÉTIERS, BELLES-LETTRES, THÉATRES,
ROMANS, HISTOIRE ET VOYAGES

COMPOSANT LA BIBLIOTHÈQUE

## DE FEU E. DE CHAMPEAUX

HOMME DE LETTRES

DONT LA VENTE AURA LIEU

Les Jeudi 31 mai et Samedi 2 juin 1860

A SEPT HEURES ET DEMIE DU SOIR

**MAISON SILVESTRE**

28, rue des Bons-Enfants, salle n° 4,

Par le ministère de M^e^ **J. BOULLAND**, Commissaire-Priseur,

10, rue de la Monnaie.

---

Les acquéreurs payeront 5 centimes par franc en sus du prix d'adjudication.

On vendra des lots à la fin de chaque vacation.

PARIS
ANCIENNE MAISON SILVESTRE
CAMERLINCK, LIBRAIRE (SUCCESSEUR)

1860

## ORDRE DES VACATIONS

1re VACATION. — Jeudi 31 mai, du numero 1 à 260.

2e VACATION. — Samedi 2 juin, du numéro 260 à 525.

400 volumes en lots à la fin de chaque vacation.

---

Il y aura chaque jour de vente exposition de 1 à 3 heures.

Les livres vendus devront être collationnés sur place. Une fois sortis de la salle de vente, ils ne seront repris pour aucune cause.

Les ouvrages qui se trouveront incomplets ou atteints de graves défectuosités seront revendus.

# THÉOLOGIE ET HISTOIRE DES RELIGIONS

## Écriture sainte, Liturgie, Saints Pères, etc.

1. Arnoldi Raissi Duacenatis Belgica christiana. *Duaci*, Bartholomœi Bardou. 1634, in-4, rel. v. (Histoire des évêques en Belgique et de leur épiscopat.)

2. Beuil (de). Imitation de Jésus-Christ. *Paris,* 1699, Guill. Desprez, in-8, rel. fig.

3. Bible (la), contenant l'Ancien et le Nouveau Testament. *Genève,* 1645, in-8, rel. vel.

4. Cantipratani (Th.). Miraculorum exemplorum mirabilium sui temporis libri duo; expurgatum et notis illustratum opera Georgii Colvenerii. *Douay,* Baltaz. Beller, 1605, in-12, dem. rel. mar. v.

   L'auteur y représente l'Eglise catholique et l'ordre monastique en général, et les couvents en particulier, sous l'emblème de ruches d'abeilles, et il a soin d'appuyer chacune de ses pieuses réflexions par un de ces contes dévots qui nous paraissent si ridicules aujourd'hui, mais que personne alors ne s'avisait de révoquer en doute : c'est là que se trouve l'histoire du crapaud, etc.

5. Costerus. De Vita et laudibus deiparae Mariae Virginis. (Vie et éloges de la sainte Vierge Marie.) *Antuerpiae,* Christophe Plantin, 1587, in-12, rel. anc. avec dess.

6. Gazet (Guil.). Histoire ecclésiastique des Pays-Bas. *Arras,* 1614, in-4, dem. rel. mar.

7. Hermanville (d'). Histoire de la vie et du ministère du bon abbé Idesbalde, avec dissertation sur l'orthodoxie du culte des saints, des reliques et des images. *Bruxelles,* Jean Léonard, 1724, in-12, rel. v. fig.

8. Kempis (Thomas A ). De Imitatio Jesus-Christi. *Anvers,* 1630, Plantin, petit format in-32.

9. Levitikon. *Paris,* 1831. — De l'Eglise chrétienne primitive. *Paris,* 1833. — Marie de Venise, hiérologie. *Paris,* 1834. Ens. 3 vol. in-8, rel.

10. Liber psalmorum cum tenoribus ad recte proferendum aptissimis. (Le livre des Psaumes, avec la méthode la plus convenable pour arriver à les bien prononcer.) Vocabulaire français-latin. *Paris,* Simon Colinaeus, 1528, in-8, rel. m. br. lettres rouges et noires. Reglé.

11. Michelet et Quinet. Des jésuites. *Paris,* 1843, in-12, dem. rel.

12. Psaultier de Jésus, par Guil. Fitz-Gerald. *Paris,* 1596, in-12, rel. mar. (Jolies fig.).

13. Reatino (Mariano-Victorio). De sacramento confessionis, seu penitentiæ historiæ. *Rome*, Paulum Manutium Aldi filius, **1522**, in-8, rel. mar. tr. dor. (*Histoire du sacrement de pénitence.*)

14. Rousseau. La Vie de saint Feuillien, évêque et martyr, patron de la ville de Fosses, au pays et diocèse de Liége. *Liége*, 1739, in-12, rel. v.

15. Sadeler Raph. Vies des saints Pères dans le désert. *Venise*, 1598, in-4, fig.

16. Sancti Bonaventure Doctoris Seraphici bseuloquium theologiæ. *Jehan Petit*, 1510, avec marque d'imprimeur, lettres en couleur, enluminures. (Entretiens sur la théologie de saint Bonaventure). Doctoris Seraphici beati Bonaventure, tractatus qui lignum vita dicetur. Ejusdem expositio orationis dominice Pater Noster, et laudismus sancta cruce ab eode (cordis de visceribus), editus. (Traité de la ligne de conduite de la vie, par le bienheureux saint Bonaventure ; du même, Commentaires de l'oraison dominicale, Notre père, et Exaltation de la sainte croix ; du même, Traité du cœur). *Paris*, 1510, *Jehan Petit*, lettres en couleurs, enluminures. — Sancti Bonaventure Doctoris Seraphici, itinerarius mentis in Deo, cujus opusculi immo operis immensi (magistro Johanne Gerson teste), laus superior est ore mortalium. (La route que doit suivre l'esprit pour arriver jusqu'à Dieu, par le bienheureux saint Bonaventure, dont les louanges sont une tâche beaucoup trop considérable pour être proférées par la bouche des mortels). *Paris*, Gaspardo Philippe, 1510, lettres en couleurs, enluminures, marque d'imprimeur à la fin. — Stimulus divini amoris devotissimus. (Le Saint aiguillon de l'amour divin). *Paris*, *Jehan Petit*, 1510, lettres en couleurs, enluminures, marque d'imprimeur. — Incipit soliloquius sancti Bonaventuris de quatuor exercitus. (Ici commencent les monologues de saint Bonaventure sur les quatre armées). *Paris*, Jehan Petit, 1510, lettres en couleurs, enluminures, marque d'imprimeur. Cinq pièces réunies en in-8, rel. mar. brun, impr. en caractères gothiques.

17. Sermones sancti Augustini ad heremitas. *Parisius*, noviter impressi., anno 1500, Claudio Jomar, marque d'imprimeur. (Discours de saint Augustin dans le désert.) — Ab eode liber quatuor novissimorum. *Paris*, Jehan Petit, 1500, marque d'imprimeur. (Du même, quatre livres renfermant ses derniers discours sur la mort, l'enfer, etc.) — Tractatus corporis, quomodo sacerdotes se debeant habere erga Eucharistiam consecrandam. *Paris*, 1500, Denis Roce, marque d'imprimeur. (Traité du corps ; de la conduite qu les prêtres doivent avoir devant la sainte Eucharistie). — Speculu eclesie, una cum speculo sacerdotum. *Paris*, Claude Jaumar. (L'image de l'église et le modèle de la vie ecclésiastique). Marque de l'imprimeur. — Liber beati Augustini de vita christiana. *Paris*, Sudonius Mercator, 1500, marque d'imprimeur au commencement et à la fin. (Le livre de saint Augustin, sur la vie chrétienne). — Tractatus qui stella clericorum inscribitur se liciter incipit. — De valore missarum.

*Paris*, Sudonius Mercator, 1499, marque d'imprimeur au commencement et à la fin. Six pièces réunies en in-8, mar. br.

Toutes ces pièces sont imprimées en caractères gothiques.

18. SUCQUET (Ant.). Le Chemin de la vie éternelle. *Anvers*, 1623, in-8' fig. en ff. — Bourgoys. Mystères de la vie, passion et mort de Jésus-Christ. *Anvers*, 1622, in-12, fig. pl., quantité de fig. religieuses réunies dans un portefeuille.

19. VISCH (Carolus de). Bibliotheca scriptorum sacri ordinis Cisterciensis. (Catalogue des ouvrages composés par les écrivains de l'ordre sacré de Cisterciensus). *Cologne*, 1651, in-4, imp. sur 2 col., demi rel. mar. br.

---

# JURISPRUDENCE

## Droit. Causes célèbres.

20. BILHARD. Traité du bénéfice d'inventaire. *Paris*, Delamotte, 1838, in-8, br.

21. CORPUS juris civilis, codicis Justiniani, notis Gothofredi illustrati. Lyon, 1672, 2 vol. in-4, cart.

22. CHABOT. Commentaire sur la loi des successions. *Paris*, 1830, in-8, br.

23. DUPIN. Procès des trois Anglais. *Paris*, 1816, in-8, br. fig.

24. GAGLIOSTRO (Mém., Réfl. et Vie de). *Paris*, 1787-91, 4 vol. in-8 et in-12.

25. MARCHAND. Code de la minorité. *Paris*, 1835, in-8, br.

26. MÉMOIRES et procès du cardinal de Rohan, de la dame de La Motte-Vallois, du sieur Cagliostro (affaire du collier de la reine). 14 vol. et br., in-8 et in-12.

27. NOTARIAT (Dictionnaire du). *Paris*, 1854-58. 12 vol. in-8, br.

28. PROCÈS. Accusation d'escroquerie pour de Bette, d'Etienville et de Fages, 5 vol. et br.

29. PROCÈS CÉLÈBRES de Debelle, Drouot, Cambronne, Thomassin et autres, réunis en 2 vol. in-8, cart.

30. PROCÈS contre Georges, Pichegru et autres, 6 vol. in-8, demi-rel. portr.

31. PROCÈS des magistrats de Bretagne, 1764-1769, in-4, cart.

32. RECUEIL de lois. *Paris*, 1848-51, 4 vol. in-8, br.

33. RIVIÈRE. Expl. sur la transcription en matière hypothécaire. *Paris*, 1855, in-8, br.

34. TEULET (A). Les Codes. *Paris*, 1839, in-8, dem. rel. mar. — Dict. des Codes français. *Paris*, 1836, gr. in-8, dem. rel.

35. VAZEILLE. Traité des prescriptions. *Riom*, 1822, in-8, br.

---

# SCIENCES ET ARTS

## Philosophie et Morale.

36. ANTROPOPHILE (l'). Arctopolis, 1748, in-4, cart. (Mss. curieux.)

37. BALTASAR (le Parfait courtisan du comte). Trad. de Gabr. Chapuis. *Paris*, N. N. Bonfons, 1585, in-8. rel. vel. tr. dor.

38. BONVALOT. Theosophie. *Paris*, 1853, in-8, br.

39. CHARRON. De la Sagesse. *Paris*, 1820, 2 vol. in-8, rel. v.

40. EUROPÉEN (l') Journal de morale. *Paris*, oct. 1833-févr. 1837, in-4, br.

41. KOCH. Hist. des traités de paix depuis la paix de Westphalie. *Bâle*, 1796, 6 vol. in-8, rel.

42. LINGUET. Essai sur le monachisme. *Paris*, 1775, in-12, rel. v.

43. MAILLET. Telliamed, ou Entretien d'un philosophe indien. *Amsterdam*, 1748, 2 tom. en in-8, rel. v. f. tr. dor.

44. MAISTRE (De). Sur les délais de la justice divine. *Lyon*, 1838, in-8, br.

45. MONTAIGNE (Essais de). *Genève*, 1780, 10 vol. in-12, dem. rel. v.

46. PANAGE. Les Mœurs. *Amsterdam*, 1748, in-12, rel. v. f. fil. tr. dor.

47. PHILOSOPHIE morale et religieuse. *Louvain*, 1829-1847, 2 vol. in-8, br.

48. TRESSAN. De la mythologie comparée de l'histoire. *Paris*, 1804, 2 vol. in-12, dem. rel. fig.

## Politique, Économie sociale, Finances.

49. ADMINISTRATION. (Gazette de l'). *Paris*, 1831, 2 vol. in-8, dem. rel.

50. BAILLEUL. Dict. crit. d'économie politique. *Paris*, 1842. — Hoffmanns. Conseils à de jeunes diplomates. *Paris*, 1841. — Giraud, le Traité d'Utrecht. *Paris*, 1847, ens. 3 vol. in-8, b.

51. BEDU. La Mendicité détruite. *Paris*, 1809, in-12, dem. rel.

52. BUCHEZ. Introd. à la science de l'histoire. *Paris*, Paulin, 1833, in-8, br.

53. COMMERCE de l'Amérique par Marseille (le). *Avignon*, 1764, 2 vol. in-4, dem. rel. fig.

54. Courier (P. L.). Collection de pamphlets politiques et opuscules littéraires. *Bruxelles*, 1827, in-8, br.
55. Enfantin (Correspondance politique par). *Paris*, 1849, in-8, br.
56. Foucart. Éléments de droit public et administratif. *Paris*, 1834, 2 vol. in-8, dem. rel.
57. Guénée. Lettres de quelques Juifs. *Versailles*, 1817, in-8, rel. v. fil.
58. Jobard (J. B.) Nouvelle économie sociale. *Paris*, 1844, in-8, br.
59. Lamennais. (Ouvrages de). *Paris*, 1839-41. 11 vol. in-18, br.
60. Ledru-Rollin. De la décadence de l'Angleterre. *Paris*, 1850, 2 vol. in-8, dem. rel.
61. Locré. Esprit du code Napoléon. *Paris*, impr. impér., 1805, 2 vol. in-4, dem. rel.
62. Maistre (de). Essai sur le principe générateur des constitutions politiques. *Lyon*, Rusand, 1833, in-8, br.
63. Martens. Guide diplomatique. *Paris*, 1837, 2 tom. br. en 3 vol. in-8.
64. Martens. Précis du droit des gens. *Paris*, 1831, 2 vol. in-8, br.
65. Mendez (Th.). Le Duel. *Paris*, 1854, in-8, demi rel.
66. Mendez. Le Livre de la mort. *Paris*, 1854, in-8, br.
67. Mirabeau. Essai sur le despotisme. *Paris*, 1821, in-18, demi rel.
68. Necker (Pour et contre tous les ouvrages de). *Utrecht*, 1782, in-12, rel. v. portr.
69. Politique nouvelle (la). 35 premières livraisons. *Paris*, 2 mars à 26 octobre 1851. 36 livr. in-8, br.
70. Rossi. Cours d'économie politique. *Paris*, 1840, 2 vol. in-8, br.
71. Saint-Simon (Doctrine de). *Paris*, 1830, in-8, br.
72. Usage des postes chez les anciens et les modernes. *Paris*, 1830, in-12, rel. Projet d'une dixme royale, 1717, in-12, rel.
73. Watteville. Code de l'administration charitable. *Paris*, 1841, in-8, br.

## Physique, Chimie, Histoire naturelle, Médecine, etc.

74. Agronomie pratique (Journal de la société d'). *Paris*, 1829-31, 3 vol. in-8, dem. rel.
75. Cabart. Leçons de physique et de chimie. *Paris*, Hachette, 1852, texte et pl. réun en in-8, dem. rel.
76. Delabarre fils. Des accidents de dentition chez les enfants. *Paris*, Victor Masson, 1851, in-8, br. fig.
77. Duval. Traité des maladies scrofuleuses. *Paris*, Baillière, 1852, in-8, dem. rel. v.
78. Hoste (P.). L'Art des armées navales. *Lyon*, 1727, in-fol., rel. v. f., nombr. fig.

79. Lugol. Mém. sur l'emploi de l'iode dans les maladies scrofuleuses. *Paris*, 1829, in-8, dem. rel.

80. Montémont (A.). Lettres sur l'astronomie. *Paris*, 1859, 2 vol. in-8, br. pl.

81. Poissons de la côte d'Afrique, réun. de pl. in-4, en ff.

82. Ritt. Problèmes d'algèbre. *Paris*, 1847, in-8, dem. rel.

83. Honorius. Grimoire du pape. *Rome*, 1670, in-18, br. fig. — Le Dragon rouge sur l'édit. de 1522, in-18, br. fig.

84. La Grange (de). Le Grand livre du destin. *Paris*, 1848, in-8, demi rel. M.

## Arts et Métiers, Beaux-Arts, Gravures.

85. Animaux et chasses, grav. par Boitard et autres, 100 ff.

86. Antiquités égyptiennes, étrusques, grecques et romaines (Recueil d'). *Paris*, Desaint, 1761, 2 vol. in-4, rel., nombr. fig.

87. Architecture. Recueil de planches gr. dans un carton in-fol.

88. Art du tailleur, de l'Encyclopédie méthodique, in-fol. br. fig.

89. Artiste (l'). 38 livr. in-4, tom. IV et V, fig.

90. Boucher. Bergères. 2 ff. in-fol.

91. Callot, etc. Sujets religieux, 20 pl. in-8 gravées.

92. Callot. Deux vues prises de la tour de Nesle. 2 ff.

93. Canot et Lebas. Le Maître de danse et le Souhait. 2 ff. in-fol. gr.

94. Chambon. Manuel de l'éducation des abeilles. *Paris*, an vi, in-8, rel. v. m. fil. tr. dor.

95. Champeaux (de). Lithogr. et caricatures, 40 ff. n. et col.

96. Du même. 30 ff. noires et couleurs.

97. Du même. 200 ff. noires et couleurs.

98. Chapuis. Cons. sur l'art des feux d'artifices. *Paris*, 1830, in-8, br.

99. Chereau, Marillier, Picard. Emblèmes d'amour et autres. 25 ff. in-4 et in-8, gravés.

100. Cousin (J.). L'Art du dessin, revue par Le Clerc. *Paris*, sur l'édit. de 1550, in-fol. cart. fig.

101. Coypel. Reproduct. des médailles du règne de Louis XIV. 32 ff. in-8.

102. Croisat. Méthode de coiffure. *Paris*, 1832, in-12, br. pl.

103. David. Portr. de Marat avec fac simile. — Arrestation de Manon Lescaut. 2 ff. gr. in-fol.

104. Dell ordine dorico (Richerche). *Rome*, 1803, in-8, dem. rel. pl.

105. Deshayes, Duplessis, Henri Monnier. Principes de dessin, eaux-fortes, caricatures. 5 livr. in-4.

106. Dessins et études au crayon rouge et noir, par Champeaux et autres, 70 ff.

107. EQUITATION et le maniement des armes à cheval (l'). *Paris*, 1821, in-4, br.
108. FLAXMAN (OEuvres de). *Paris*, 1823, 3 vol. in-4 obl., contenant 97 pl. au trait.
109. HUET ET FILLOEUL. Nouveau livre de singes. 30 ff. in-4, gr.
110. JEU DU TRICTRAC (les Principes du). *Paris*, 1776, in-8, rel. fig.
111. LEBRUN. Les Différents caractères de testes. *Paris*, in-8 obl., pl.
112. LITHOGRAPHIES. Dix belles planches in-fol. (Paysages et portr.)
113. MACHET. Le Confiseur moderne. *Paris*, 1821, in-8, dem. rel.
114. ORNEMENTS, statues et fontaines. 39 pl. in-8, gravées.
115. PAYSAGES ET VUES. 160 ff. in-8, gravées.
116. PORTRAITS historiques. 92 ff., in-4.
117. PRINCIPES ET MODÈLES DE DESSIN. 1 vol. in-4 et 60 pl.
118. RAPHAEL D'URBIN. Les Six heures du jour et les Six heures de nuit. 12 gr. in-fol.
119. RORET. Manuels de conversation, du naturaliste, de physique, d'arpentage, de l'artificier, d'astronomie, du vétérinaire, etc. *Paris*, 1828, 9 vol. in-18, dem. rel. et br.
120. SAINT-LÉON (Arthur). Sténochorégraphie ou l'Art d'écrire la danse. *Paris*, 1852, in-fol. en livr., portr.
121. TEMPESTE. Chevaux et animaux. Recueil in-8 obl., pl.
122. VANLOO. 2 ff. in-fol.
123. VÉRONÈSE (Paul), Chereau, etc. Recueil de gravures et lithographies dans un cart.
124. VIGNOLE (de). Règle des cinq ordres d'architecture. *Paris*, *s. d.* in-4, fig.

---

# BELLES-LETTRES

## Linguistique.

125. ALBERTI. Dictionnaire français-italien. *Turin*, 1807, 2 vol. in-4, rel. v.
126. BOYER, etc. Dictionnaire français-anglais, etc. *Paris*, Lefèvre, 1817, 2 vol. in-4, rel.
127. DICTIONNAIRES latin-français, français-latin, anglais-français, etc. 10 vol. in-8, rel.
128. GATTEL. Dictionn. français-espagnol et espagnol-français. *Lyon*, 1803, 2 vol. in-4, rel.
129. NOEL et DE LAPLACE. Leçons grecques de littérature et de morale. *Paris*, 1825, 2 vol. in-8, dem. rel.

130. Noel et de Laplace. Leçons latines de littérature et de morale. *Paris*, Lenormant, 1823, 2 vol. in-8, dem. rel.

## Poëtes latins.

131. Aristotelis. De Moribus ad Nichomachum libri decem. *Venitiis*, Vincentium Valgusium, 1558, in-8, dem. rel. v. fil. dent.
132. Heinsii D. Orationes. *Lyon*, Louis Elzevir, 1615.
133. Horace. Odes, trad. en vers français, par Ed. Neveu. *Paris*, 1845, in-8, dem. rel.
134. Horatii Flacci. Carmina expurgata, commenté par Joseph de Jouvency. *Mediolani*, 1754, in-12, rel. vel., portr.
135. Pline le Jeune. Epistolæ et panegyricus. *Lyon*, Elzev., 1653, in-12, rel. v.

## Poésies françaises, Fables, Chansons et Musique.

136. Ballard (Christ.). La Clef des chansonniers au mont Parnasse. 1717, 2 vol. in-12, rel. v., musique.
137. Billaut (Œuvres de maître Adam), menuisier de Nevers. *Paris*, 1806, in-12, br. fig.
138. Bonvalot (A. F.). (Odes de). *Paris*, 1850, in-8, dem. rel.
139. Bonvalot. Le Vieux barde. *Paris*, 1851, in-12, br.
140. Brazier. (Chansons de). *Paris*, 1814, in-18, dem. rel., fig.
141. Brazier (les chansons de). *Paris*, 1835, in-12, dem. rel. v. f.
142. Catel. Traité d'harmonie. *Paris*, an x, dem. rel. (Musique.)
143. Chansons de Béranger, du Caveau, Désaugiers, Festeau, etc. Ens. 40 vol. in-12 et in-18, rel. et br., fig.
144. Chansonnier de la Montagne (le). *Paris*, an ii, in-18, dem. rel., fig.
145. Chansonnier de l'Amour et des Grâces. *Paris*, 1811, in-18, dem. rel. v , fig.
146. Chaulieu. (Œuvres de). *Lahaye*, 1777, 2 vol. in-32 rel., portr., tr. dor.
147. Cherubini, Méhul, Lesueur et autres. Principes élément. de musique. *Paris*, in-4, cart.
148. Clairmont. Ismail et Moïse. *Paris*, 1836, 2 vol. in-8, dem. rel.
149. Deshoulières (Œuvres de Mme). *Paris*, 1764, 2 vol. in-18, rel. v. m. fil., tr. dor., portr.
150. Enfants du caveau (les). *Paris*, 1834-43, 9 vol. in-12, dem. rel., fig.
151. Fantaisies, poésies. *Amsterdam*, 1768, in-8, rel. v. La Henriade travestie *Berlin*, 1753, in-12, rel.

152. Festeau (L.) Les Éphémères (avec musique). *Paris*, 1834, in-18, dem. rel. v., fig.

153. Festeau (L.) Chansons et musique. *Paris*, 1838, in-18, dem. rel., fig.

154. Henriade travestie (la). *Paris*, in-18, dem. rel.

155. Houllay (Fables de). *Paris*, 1804, in-12, dem. rel.

156. Kock (Paul de). Contes en vers. *Paris*, 1824, in-12, dem. rel., fig.

157. La Fontaine (Fables choisies de). *Paris*, 1752, 2 vol. in-12, rel. v.

158. Monteclair. Méthode pour apprendre la musique aux enfants. *Paris s. d.* in-8, oblong.

159. Musique. La Clef du Caveau de 1816. Essais, instructions et méthode, 4 vol. in-8, rel. et br.

160. Musique. Partitions de diff. vaudevilles en cahiers in-4.

161. Offrandes aux muses. *Paris*, 4 vol. in-8, rel. en 2 tom. in-18, fig.

162. Parny (Œuvres de). *Paris*, Dufort, 1826, 2 vol. in-8, dem. rel., portr.

163. Poésies anciennes et modernes, dont Bernard, Malherbe, Rousseau, etc. Ens. 20 vol. in-8 et in-12, rel. et br.

164. Poésies (Recueil de). *Paris*, 1732, in-8, rel. v. (*M ss.* curieux).

165.* Psyché (la). *Paris*, 1826, 10 tom. rel. en 5 vol. in-12 demi rel.

166. Ségalas (Anaïs). Les Oiseaux de passage. *Paris*, 1837, in-8, dem. rel., fig.

## Poëtes italiens, espagnols, etc.

167. Aleman (Matheus). Vida del picaro Guzman de Alfarache. *Barcelone*. Sébastien de Cormellas, 1599, in-8, rel. vel. (Edition originale).

168. Aleman (Mateo). Vida y. hechos del picaro Guzman de Alfarache. *Amberes*, 1736, 2 vol. in-8, rel. v. m., fig.

169. Alfieri (Opere) Del. Italia 1820 9 vol in-12, dem. rel. v., fig.

170. Ariosto (L.) Orlando furioso, *Venetia* Andrea Valuassore, 1558, in-8, rel. v. fil. (fig. sur bois). Bel exempl.

171. Arioste. Orlando furioso. *Paris*, 1803, 4 vol. in-8, dem. rel. v., fig.

172. Bojardo. Orlando innamorato. *Venise*, 1799, 2 vol. in-12, rel. v., fig.

173. Casti (Giambattista). Gli animali parlanti. *Filadelphia*, 1803, 3 tom. en in-12, rel. v.

174. Casti (G. B.). (Novelle di). *Paris*, 1821, 4 vol. in-12, rel.

175. Cervantes (Miguel). Vida y hechos del ingenioso cavaliero don Quixote de la Mancha. *En Amberes*, año 1673, 2 vol. in-8, rel, v. aux armes, fig.

176. Contareno (Gasparo). La Republica. *Vinegia*, 1564, in-4, rel. vel.

177. Corsini. Il Torrachione desolato. *Londra*, 1768, 2 vol. in-18, rel. v. f. fil., fig.

178. Dante Aligheri. La Divine comédie, le Banquet, trad. par Rhéal. *Paris*, 1852, 2 vol. in-8, br., fig.

178 *bis*. Daniello Bartoli. Della Geographia transportata, 1674, in-12, dem. rel.

179. Don Francisco de Quevedo (Obras jocosas de). *Madrid*, 1821, 4 vol. in-12 rel. en 2 vol., v. r.

180. Figueroa Christ (Suarez de). La Constante Amarillis. *Madrid*, 1781, in-8, dem. rel.

181. Galotti (Mém. de). Trad. en français. *Paris*, 1831, in-8, br.

182. Giovanni della Casa (Rime e prose di). *Naples*, 1715, in-12, rel. vel.

183. Goldoni (Comédies de). *Paris*, 1810, in-8, dem. rel. (Texte italien.)

184. Granada (Historia de las guerras de). *Paris*, 1690, in-8, rel. v.

185. Italia Liberata da Goti di Giangiorgio Tressino. *Orléans*, 1787, in-8, rel.

186. Llorente. Historia critica de la inquisition de España. *Madrid*, 1822, 10 tom. en 5 vol. in-8, dem. rel.

187. Luiggi Pulci. Il Morgante maggiore. *Londra*, 1768, 2 vol. in-18, rel. v. f. fil., fig.

188. Metastasio (Opere del.) *Londra*. 1784, 12 vol. in-12, dem. rel. v.

189. Metastasio) Poesie del signor). *Paris*, 1773, 6 vol. in-12, dem. rel. v., fig.

190. Ouvrages italiens, dont Alfieri, Goldoni et autres. Ens. 40 vol. diff. formats.

191. Petrarca nuovamente (Il). *Venetia*, 1607, in-12, rel. vel., fig. sur bois.

192. Quattro poeti italiani : Dante, Petrarca, Ariosto, T. Tasso. *Paris*, Lefèvre, 1843, in-12, dem. rel.

193. Ricciardetto, di Nicolo Carteromaco. *Orléans*, 1785, 2 vol. in-8, dem. rel.

194. Sannaggro (L'Arcadia di Jacopo). *Londra*, 1781, in-8, dem. rel., fig.

195. Santa Cruz (Melchior de). Floresta española. *Brucellas*, 1605, in-12, rel. vel.

196. Tassoni (Alless.) La Secchia rapita. *Orléans*, 1788, in-8, dem. rel.

197. Tasso Torquato et Ariosto. Orlando furioso, Aminto, Gerusalemme liberata. *Londres*, 1783, in-8, dem. rel. v.

198 Torquato Tasso (Œuvres de). *Venetia*, Aldo, 1528, in-12, rel. v. f.

## Art dramatique, Théâtre.

199. Apostolo Zeno. Poesie drammatiche. *Orléans*, 1785, 10 vol. in-8. dem. rel.

200. Boindin. Le Bal d'Auteuil, les Trois Gascons, la Matrone d'Éphèse, le Port de mer, comédies. *Paris*, Ribou, 1702, en in-12, rel.

201. Brazier. Hist. des petits théâtres de Paris. *Paris*, 1838, 2 tom. en in-18, dem. rel.

202. Champeaux (de) et Fontenay (de). Entre deux tisons, vaudeville. *Paris*, 1854, br. in-8. (250 exempl.).

203. Champeaux (de). Les Modes de l'exposition, vaudeville. *Paris*, 1855, br. in-8. (100 exempl.).

204. Champeaux (de). A bas les étrennes! *Paris*, 1856, br. in-8. (135 exemplaires).

205. Comédies (Recueil de), contenant la Fausse antipathie, les Fausses confidences, l'École des amis, etc. *Paris*, 1738, in-12, demi rel.

206. Drap Arnaud. Recueil de pièces de théâtre (quelques-unes arrêtés par la censure). *Paris*, in-8, demi rel. v.

207. Ducancel. Esquisses dramatiques du gouvernement révolut. 1793-95. *Paris*, 1830, in-8, br. portr.

208. Favart (Théâtre de). *Paris*, 1763, 10 vol. in-8, rel. portr. (Airs notés).

209. Louis XVI, la Mort de Marie-Antoinette, tragédies. 2 p. in-8.

210. Molière. M. de Pourceaugnac, le Misanthrope, le Bourgeois gentilhomme. *Paris*, Cl. Thierry et Barbier, 1674, in-12, rel. (tom. 5).

211. Racine (Théâtre de). *Rouen*. 1795, in-8, dem. rel. fig.

212. Robespierre (la Mort de), drame. *Paris*, in-8, rel. portr.

213. Scandinave (le Comité directeur). *Paris*, 1830, in-12, dem. rel. v.

214. Théatres (Dictionnaire des). *Paris*, 1808, 9 vol. in-8, dem. rel.

215. Théatre comique italien. *Naples*, 1849, in-12, dem. rel.

216. Théatre de Corneille, Crébillon, Gresset, Molière, Voltaire et autres. 67 vol. in-12 et in-18, rel. fig.

217. Théatre. Pièces anc. et modernes et manusc., biographies, Almanach des spectacles, etc. 40 vol. et br. in-4, in-8 et in-12.

218. Théatre. Pièces anciennes représentées à l'Opéra, Opéra-Comique, Français, Odéon, Vaudeville, Variétés, Palais-Royal, Gymnase, Porte Saint-Martin, Ambigu-Comique, Gaîté, Comte, etc. Ens. 50 vol. in-8, dem. rel.

Ce lot pourra être divisé au gré des acquéreurs.

219. Théatre. France dramatique, Magasin théâtral et autres. 100 pièces in-8, br.

**

220. THERMOPYLES (les). Tragédie et musique en pot-pourri, in-8, rel. v. fil. tr. dor. — L'Emigré en 1794, scènes de la terreur. *Paris*, 1820, in-8, br. — La Journée des dupes, 1790, br. in-8.

## Romans, Contes, Facéties, Critique, Bons mots, Polygraphes, etc.

221. AMELOT de la Houssaie. Mém. hist. et littéraires. *Amsterdam*, 1737, 3 vol. in-12, rel. v.

222. AMOUR (Dict de l'). *Paris*, 1825, in-48, dem. rel. v., fig.

223. ANA. Elite de bons mots. *Amsterdam*, 1745, 2 vol. in-12, rel. v.

224. BEAUMARCHAIS (Œuvres cemplètes de). *Paris*, 1829, 6 vol. in-8 br.

225. BOILEAU DESPRÉAUX (Œuvres de). *Paris*, 1826, in-18, dem. rel., fig.

226. BON TON (Manuel du). *Paris*, in-12, dem. rel.

227. BONVALOT. Chroniques de tous les temps et de tous les âges. *Paris*, 1852, 2 tom. in-8, dem. rel. v.

228. BOUNIOL (Bathild). Les Orphelines. *Paris*, 1843, in-8, br., lih.

229. CENT NOUVELLES nouvelles (les). *Londres*, 1744, in-18, rel. v.

230. CERVANTES (Michel) (Nouvelles espagnoles de). Trad. en français, par de Villebrune. *Paris*, 1788. 2 vol. in-8 rel. v., fig.

231. CHARPENTIER et autres. Du pape, Pensées de Bl. Pascal, Défense de l'Eglise, Mademoiselle Maupin, 14 vol. in-12, br.

232. CHENIER J. et André (Œuvres de). *Paris*, 1821, 6 vol. in-18, demi rel.

233. DAPHNIS DE CHLOÉ (les amours de). *Paris*, 1795, in-18, dem. rel.

234. FREMICOURT (Guérin de). Les Tributs de l'amour et de l'amitié. *Cythère*, 1757, in-12, rel. v.

235. FÉNELON. Les aventures de Télémaque. *Paris*, 1804, in-8, rel. v. f. fil. tr. dor. (Grav. de Tardieu.)

236. FEUILLETONS et romans de Walter Scott et autres. Ens. 12 vol. in-8, rel. et br.

237. FLORIAN (Œuvres de). *Paris*, an X, 16 vol. in-18, dem. rel., fig.

238. FONTENELLE, Fabre d'Églantine et autres, 6 vol. in-12, rel.

239. HÉLOÏSE ET ABEILARD (Lettres amoureuses d'). *Paris*, 1814, 2 vol. in-12, rel. tr. dor.

240. HERMITE (l'). En Suisse. *Paris*, 1829, 3 vol. in-12, dem. rel., fig.

241. ISMÈNE ET ISMENIAS. *La Haye*, 1743, in-12, rel. v., tr. dor.

242. LA FONTAINE. Contes et nouvelles en vers. *Londres*, 1743, 2 vol. in-12, fig.

243. LAHARPE. Cours de littérature. *Paris*, 1822, 16 vol. in-12, dem. rel.

244. LETOURNEUR. Clarisse Harlowe. *Genève*, 1785, 10 vol. in-8 rel. v. m., fig.

245. LORD BYRON (Œuvres de). *Paris*, Charpentier, 1841, vol in-12, br.

246. MANON LESCAUT (Hist. du chevalier des Grieux et de). *Amsterdam*, 1756, 2 vol. in-18, rel., fig.

247. MANUSCRIT, cont. poésies et contes, par de Champeaux, in-4, cart.

248. NINON DE L'ENCLOS (Lettres de). *Paris*, 1750, 2 tom. en in-12, v., fig.

249. PIERRE LE LONG ET BLANCHE BAZU (Hist. amoureuse de). *Londres*, 1765, in-8, rel. v., fig. (Airs notés).

250. PIIS (De). Œuvres choises. *Paris*, 1810, 4 vol. in-8, dem. rel.

251. PROVERBES français (Dict. des). *Paris*, 1758, in-12, rel. v.

252. RACINE (Œuvres de). *Londres*, 1723, 2 vol. in-4, rel. anc., fig. de Chéron.

253. ROMANS. Les Egarements de Julie, les Egarements du cœur, les Sonnettes, le Champion de la vertu, etc. Ens. 23 vol. form. Cazin, rel.

254. ROUSSEAU (les Confessions de). *Genève*, 1782, 2 vol. in-8, dem. rel. v.

255. SAINTE-BEUVE. Causeries du lundi. *Paris*, Garnier, 1851, 3 vol. in-12, dem. rel.

256. TRESSAN. Hist. du petit Jehan de Saintré. *Paris*, 1802, in-32, rel.

257. TRESSAN (Œuvres de). *Paris*, 10 vol. in-8, rel. fig.

258. VADÉ (Œuvres de). *Troyes*, an VI, 6 vol. in-12, rel.

259. VOLTAIRE (Œuvres complètes de). *Paris*, Verdière et Sautelet. 1827, 3 vol. in-8 à 2 col., pap. vel. br.

---

# HISTOIRE ET VOYAGES

## Géographie, Histoire ancienne.

260. BARTHÉLEMY. Voyage du jeune Anacharsis en Grèce. *Liége*, 1790, 7 vol. in-8 rel., et atlas in-4.

261. BLONDIER LANGLOIS. Angers et le département de Maine-et-Loire. *Paris*, 1837, 2 vol. in-8, br.

262. CHARLEVOIX (de). Hist. et discription de la Nouvelle France. *Paris*, 1744, 3 vol. in-4, rel. v. pl.

263. COENS (P.). Disquisitio historiæ de origine beghinarum et beghinagiorium belgii. *Leodii*, 1629, in-8, dem. rel. m.

264. COLONIES FRANÇAISES (Notices sur les). *Paris*, imprim. royale, 1837, in-8, br.

265. DESJARDINS. Première Babylone. Sémiramis la Grande. *Paris*, 1834. (Traduct. d'un manuscrit égyptien.)

266. ENFANTIN. Colonisation de l'Algérie. *Paris*, 1843, in-8. br.

267. Larrey. Hist. des deux triumvirats. *Amsterdam*, D. Mortier, 1715, 4 tom. en 3 vol. in-12, rel. v. fig.

268. Le Page du Pratz. Hist. de la Louisiane. *Paris*, 1758, 3 vol. in-12, rel. v. fig. (Aux armes.)

269. Louis le Comte. Des cérémonies de la Chine. *Liége*, 1700, in-12, rel. v.

270. Mantelii. Historiæ Lossensis compendium. *Louvain*, Bouvet, 1717, 2 tom. en in-4, rel. vel.

271. Mercator (Gérard). Germaniæ tabulæ geographicæ; *s. l. n. d.* In-fol., rel. v., pl.

272. Montémont (Alb.). Londres. *Paris*, in-8, dem. rel., cart.

273. Ortelii. Abr. Theatrum orbis terrarum. *Anvers*, 1603, in-fol., rel. v., cartes et fig.

274. Paris (les Curiosités de). *Paris*, 1805, 2 tom. en in-12, dem. rel. m.

275. Paris (Voyages, Histoire et Description de). 1757-1823, 4 vol. in-12 et in-8.

276. Peyronie (G. de la). Voyages de Pallas en Russie et dans l'Asie septentrionale. *Paris*, 1788, 5 vol. in-4 et atlas, rel. et cart.

277. Résumés de l'Hist. des Juifs, romaine, de France, de l'Empire germanique, d'Angleterre, d'Espagne, etc. *Paris*, 1826. Ens. 14 vol. in-18, dem. rel.

278. Rollin. Hist. ancienne. *Paris*, 1764, 13 vol. in-12, rel. v.

279. Tastu (Amable). Voyage en France. *Tours*, 1841, in-8, br., fig.

280 Vincens (J. C.) Topographie de la ville de Nismes et de sa banlieue. *Nisme*, 1802, in-4, rel. v. f. fil., fig.

## Chevalerie, Antiquités, Médailles.

281. Bie (J. de). Les Familles de la France illustrées par les monuments des médailles anciennes et modernes. *Paris*, 1634, in-4, cart., fig.

282. Boyssat. Histoire des chevaliers de l'ordre de l'Hôpital de Saint-Jean de Jérusalem. *Lyon*, Guillaume Rouille, 1612, 2 tom. en in-4, rel. m. r., fleurdelisé, tr. dor. Réglé.

283. Chatelain. Rome papale. *Paris*, 1839, 2 t. in-8, br.

284. Dupuy. Traités renfermant la condamnation des Templiers et l'histoire du schisme. *Paris*, 1700, in-8, dem. rel., fig.

285. Médailles du règne de Louis le Grand. *Paris*, impr. royale, 1702, in-4, rel. v., fig.

286. Micole (J. M.). Panoplie européenne, 12 pl. en couleur, gr. in-fol. dans un carton (représ. casques, artillerie, épées, poitrinals à mèche, masses, boucliers, poignards, pistolets, arbalètes de rempart, armes d'hast, selles et éperons, braquemart et épée d'arçon).

287. Monnoyes (Traités des). *Paris*, 1621, in-8, rel. vel.

288. ROME (les Merveilles de la ville de). *Rome,* 1625, pet. in-4, rel. vel. (nombr. fig. sur bois).

289. ROSINI (Joannis). Antiquitatum romanorum corpus absolutissimum. *Lyon,* 1663, in-4 rel. vel., fil., fig. (Aux armes.)

## Histoire de France, Littérature.

290. ANQUETIL. Histoire de France. *Paris,* 1822, 15 vol. in-8, dem. rel., v. f.

291. BURETTE (Th.). Histoire de France. *Paris,* Chamerot, 1842, 2 vol. in-12, dem. rel. mar.

292. CHOISY (l'abbé de). Histoire de Charles VI. *Paris,* 1695, in-4, rel. vel.

293. DELORT (J.). Histoire de la détention des philosophes à la Bastille et à Vincennes. *Paris,* Didot, 1829, 3 vol. in-8, br., fig.

294. DUGUESCLIN (Histoire de). *Paris,* 1666, in-fol., rel. vel.

295. HAMMER (de). Histoire de l'ordre des Assassins. *Paris,* 1833, in-8, br.

296. HERMAPHRODITES (Description de l'isle des). *Cologne,* 1724, in-12, rel. v., fig.

297. HIST. DE FRANCE de Michelet, Mably et autres. 1823-54, 5 vol. in-8, br.

298. MAUPEOUANA, ou Correspondance. *Paris,* 1773, 2 vol. in-12, rel., fig.

299. MICHELET. Louis XI et Charles le Téméraire. *Paris,* 1854, in-8, br.

300. MONSTRELET (Chroniques d'Enguerrand de). *Paris,* l'Huillier, 1572, 2 vol. in fol., rel. v.

301. MORE. Histoire des Francs. *Paris, s. d.,* in-8, br., fig.

302. NOEUFVILLE. Histoire de la maison du roi et des troupes de France. *Liége,* 1634, 2 vol. in-4, rel. v., blasons.

303. SATYRE MÉNIPPÉE. De la vertu du Catholicon d'Espagne, et la tenue des Étatz de Paris. (Notes de Pierre Dupuy). *Ratisbonne,* Math. Kerner, 1664, petit in-12, pl. v. f. fil. tr. dor., fig.

304. SISMONDE de Sismondi. Abr. de l'hist. des Français. *Paris,* Treuttel, 1839, 2 vol. in-8, dem. rel. v.

## Révolution, Empire, Restauration, etc. 1789-1804.

305. BAILLY (J. S.). Mém. d'un témoin de la révolution. *Paris,* 1804, 3 vol. in-8, br. et rel.

306. BAILLY. Procès-verbal des électeurs. *Paris,* 1790, 3 vol. in-8, rel.

307. BARTHÉLEMY. Mém. diplomatiques, Journal de Ramel. *Londres,*

1799, 2 vol. in-8, rel., portr. Anecdotes secrètes du même, in-12, rel., fig.

308. BERTRAND. Mém. pour servir à l'histoire de la dernière année de Louis XVI. *Londres*, 1797, 3 vol. in-8, dem. rel.

309. BIOGRAPHIE et liste des ci-devant nobles, aristocrates, etc., 10 vol. et br. in-8.

310. BROCHURES politiques, 1789-90. Avis à la livrée, Ouvrez donc les yeux, Prône patriotique, le Parchemin en culotte, la Lanterne aux Parisiens de Paris et de Versailles, le Grenadier patriote, Agonie, le Rubicon, etc. Ens. 20 vol. br., in-8.

311. BROCHURES politiques, dont : la Cassette verte de M. de Sartines, Sermon pour la consolation des c..., l'Ombre du mardi gras, le Carnaval politique, la Chasse aux bêtes, le Sabreur, etc., 23 br., in-8.

312. CATÉCHISME du genre humain, 1788, 3 vol. in-8, br.

313. CLÉRY. Mém., Journal, Discours sur Louis XVI, 1790-1825, 6 vol. in-8, fig.

314. CONSULAT. Mémoires, histoire et autres, 9 vol. in-8, rel. et br., fig.

315. CONVENTION nationale. 3 vol. in-8, et br.

316. DIX-HUIT FRUCTIDOR. Ses causes et ses effets. *Hambourg*, 1799, 2 tom. en in-8, rel.

317. DUBROCA. Les Femmes célèbres de la révolution. *Paris*, 1802, in-12, rel. fig.

318. EDGEWORTH (Mém. de l'abbé), confesseur de Louis XVI. *Paris*, 1815, in-8, rel.

319. ETAT DE LA FRANCE, par de Calonne, 1790, 2 vol. in-8, rel.

320. EVÉNEMENTS MILITAIRES sur la guerre présente. *Paris*, 1801, 2 vol. in-8, cart., pl.

321. FAIN (le baron). Manuscrit de l'an III. *Paris*, 1828, in-8, br.

322. FORFAITS du 6 octobre. *Paris*, 1790, 2 vol. in-8, dem. rel.

323. GOUR (du). Collection des meilleures ouvr. publ. pour la défense de Louis XVI. *Paris*, 1793, 2 vol. in-8, dem. rel., fig.

324. HISTOIRE, Mém., Conspirations, Evénements, etc., sur la révolution française de 1789, 25 vol. in-8 et in-12, rel. et br., fig.

325. HISTOIRE et Mém. des généraux Championnet, Custine, Dumouriez, Hoche. Ens. 5 vol. in-12, rel. et br., portr.

326. JACOBINS. Hist., Sociétés, 3 vol. et br. in-8.

327. JOURNAL d'un déporté non jugé. *Paris*, 1835, 2 vol. in-8, br.

328. LOUIS XVI mis au cachot, Eloge, le Cri de la douleur, Marie-Antoinette, 11 br. in-8.

329. LOUIS XVI. Le Pour et le contre. *Paris*, an Ier 7 vol. in-8, rel.

330. DIALOGUES et Entretiens politiques, dont : Diogène le Cynique, Avis aux aristocrates, les Enragés aux enfers, Arlequin réformateur dans la cuisine des moines, Polichinelle la puce à l'oreille, Harangue du cheval de Henri IV, Bavardages, Chansons, Rem. des filles du Palais-Royal, 21 br. in-18

331. MANUEL (P.). La Police de Paris dévoilée. *Paris*, an II, 2 vol. in-8, rel. fig.

332. MARAT. Pl. de législation criminelle. *Paris*, 1790, in-8, br. portr.

333. MÉMOIRES et opérations militaires sous la révolution, 1790-99. 6 vol. in-8 et en in-12, rel. et br.

334. MOUNIER. Appel au tribunal et rech. sur les causes qui ont empêché les Français de devenir libres. *Genève*, 1790-92. 3 vol. in-8, rel. et br.

335. PELTIER. Hist. de la révol. du 10 août 1792. *Londres*, 1795, 2 vol. in-8, br.

336. PROCÉDURE criminelle. Journée du 6 octobre 1789, suiv. du rapport fait par Chabroud. *Paris*, 1790, 3 vol. in-8, rel. v.

337. PROCÈS contre Saint-Régent, Carbon et autres. *Paris*, an IX, 2 vol. in-8, dem. rel.

338. PROCÈS de Louis XVI. *Paris*, 1795, 9 vol. in-8, br.

339. ROBESPIERRE. Hist. de la conjuration. *Paris*, 1796, in-8, cart. — Portr. exécrable du traître, sa vie politique et curieuse, 4 vol. in-8, br. fig.

340. SENART (Mém. inédits de). *Paris*, 1824, in-8, br.

341. TESTAMENT DE LOUIS XVI. Fac-simile de Marie-Antoinette et Louis XVII, par Audot. *Paris*, 1817, 2 br. in-4, pl.

342. TIERS ÉTAT. Le Pater, l'Ave, le Credo, le Te Deum, les Litanies, les Prières, le Dernier mot, le Fanal et autres pièces relatives. 15 br. in-8.

343. VIE privée de Chaumette, du roi Isaac Chapellier (Louis XVI), Mirabeau, Necker, etc. 8 vol. et br., portr.

## 1804-1815.

344. BRUGUIÈRE. Napoléon en Prusse. *Paris*, in-8, cart. orné de portr.

345. CONTEMPORAINS (Mém. des). République et empire. *Paris*, 1824, in-8, dem. rel.

346. EPOQUE de 1814 et 1815. Campagne et mémoires. 10 vol. in-8, rel. et br.

347. GUADELOUPE ET SAINT-DOMINGUE. Mém. et campagnes des Français. *Paris*, 1803, 3 vol. in-8, rel.

348. LABAUME. Campagne de Russie en 1812. *Paris*, 1820, in-8, br. pl.

349. LUCET (J.). Hommage poétique sur la naissance du roi de Rome. *Paris*, 1811, 2 vol. in-8, br. fig.

350. NAPOLÉON (Hist., vie et mém. de), par Azaïs, général Durand et autres. Ens. 10 vol. in-8 et in-12, rel. et br. avec fig.

351. NAPOLÉON (Louis). Documents hist. sur le gouvernement de Hollande. *Paris*, 1820, 3 vol. in-8, br.

352. PAGANEL. Etablissement monarchique de Napoléon. *Paris*, 1841, in-8, br. avec autographe.

353. Petroni. Stef. Eg. (La Napoléonide). Paris, 1813, in-8, br., fig. Poëme italien.

354. Pichon. De l'état de la France sous Napoléon. *Paris*, 1814, in-8, br.

355. Russie (Hist. de l'expédition de). *Paris*, Pillet, 1823, 2 vol. in-8 et atlas br.

## 1815-1840.

356. Beauchamp (A.). Histoire de la campagne de 1814 et de la restauration. *Paris*, 1815, 2 vol. in-8, br. Id. Hist. des deux faux dauphins, 1815, in-8, br.

357. Charles XIV. Jean. *Paris*, 1820. 2 tom. en in-8, dem. rel., fig.

358. Delandine. Les Phalanges de Henry IV. *Paris*, 1817, 2 vol. in-8, cart., fig.

359. Duc de Normandie (Mém. du). *Paris*, 1831, in-8, br., portr.

360. Fauche-Borel (Mém. de). *Paris*, 1827, 5 vol. in-8, br.

361. Freytag (Mém. du général). *Paris*, 1824, 3 vol. in-8, dem. rel.

362. Girouettes (Dict. des). *Paris*, 1815, in-8, br., fig.

363. Michaud. Biographie de Louis-Philippe d'Orléans. *Paris*, 1849, in-8, dem. rel. v., fig.

364. Salons de paris, dep. la restauration. *Paris*, 1815, 3 vol. in-12, dem. rel.

365. Tournois. Hist. de Philippe d'Orléans. *Paris*, 1840, in-8, br.

366. Vendée (Hist. et Mém. sur la). 7 vol. in-8 et in-12, rel. et br.

## Pays étrangers.

367. Comtes de hollande (Hist. des). *Paris*, 1666, in-12, dem. rel.

368. Eckstein. De l'Espagne. *Paris*, Paulin, 1836, in-8, br.

369. Hume. Hist. d'Angleterre. *Paris*, 1822, 8 vol. in-8 dem. rel. v.

370. Hume (David). Hist. d'Angleterre. *Paris*, 1830, 7 vol, in-18, dem. rel., fig.

371. Karamsin. Hist. de l'empire de Russie, trad. en fr. par Jauffret. *Paris*, 1819, 11 vol. in-8, br., fig.

372. Sadler. Hist. d'Angleterre. *Paris*, 1836, in-8, rel.

## Modes, Journaux, Bibliographie.

373. Thomas Morus, chancelier du royaume d'Angleterre au seizième siècle. *Paris*, 1833, 2 tom. en in-8, dem. rel.

374. Aignan. Bibliothèque étrangère d'histoire et de littérature. *Paris*, Ladvocat, 1823, 3 vol. in-8, dem. rel.

375. Autographes de Robespierre, Collot-d'Herbois, Carnot, Couthon, Billaud-Varennes et autres, réun. dans un cahier.

376. Bon ton (le). *Paris*, années 1835-36-38, 3 vol. gr. in-8, dem. rel., fig. color.

377. Charivari (journal du). A partir du jeudi 24 février 1848 au mardi 2 décembre 1851. Ens. 8 vol. in-fol. dem. rel.

378. Conseiller des dames (le). *Paris*, 1851-54, réun. en 3 vol. gr. in-8, dem. rel., fig. color. avec atlas in-4, musique et broderie.

379. Costumes français, depuis Clovis jusqu'à nos jours. *Paris*, 1834, in-8, rel., fig. col. Tom. 1er.

380. Croisat. Les cent-un coiffeurs de tous les pays. *Paris*, 1837-41, 5 vol. gr. in-8, br., fig. n. et en coul.

381. Fashion-théorie. *Paris*, 1850-53, réun. en 1 vol. gr. in-8, dem. rel., fig. n. et color.

382. Follet (le). *Paris*. 1851-53, 3 vol. gr. in-8, dem. rel., fig. plus. les années 1854-55 en liv.

383. Franc-maçonnerie. Loge Saint-Jean, sous le titre distinctif de la Tolérance. Ouvrages, imp. et manuscrits, bulletins, journaux, dossiers, correspondance, brevets réun. sous ce numéro.

384. Journal des modes. *Paris*, 1829-30, 2 vol. in-8, dem. rel. fig., col.

385. Journal des ouvriers. *Paris*, du 19 sept. au 12 déc. 1830, in-4, dem. rel.

386. Libre recherche (la), Revue universelle. *Paris*, mars 1858 à novembre 59, 21 liv. in-8, br.

387. Maréchaussée (Etat de la) au 1er janvier 1782. *Paris*, impr. royale, 1782, in-8, br.

388. Nouveauté et la Réunion (la). Journal littéraire et théâtral. *Paris*, 1826-28, 4 vol. in-4, dem. rel.

389. Observateur littéraire et dramatique (l'). *Paris*, in-8, en livr. du 9 déc. 1826 au 4 janv. 1829.

390. Oriflamme des modes (l'). *Paris*, 1839-42, réun. en 1 vol. in-8, dem. rel., fig. color.

391. Oriflamme des modes (l'). Recueil de fig. color. dans un cart.

392. Pin (Ellies du). Bibliothèque universelle des historiens. *Amsterdam*, 1708, in-4, cart., fig.

393. Petit Courrier des dames. *Paris*, 1853-56, 4 vol. gr. in-8, dem. rel., et en liv., fig. color. et dessins.

---

394. France ancienne et moderne (Dict. de la). *Paris*, 1726, 3 vol. in-fol., rel. v.

395. Arbre chronologique de l'hist. universelle. *Paris*, 1765, in-12, rel. v. f. fil., tr. dor., fig.

396. Brianville (de). Jeu d'armoiries. *Lyon*, 1665, in-18, rel., fig.

397. Calendarium naturale magicum perpetuum profondissimam re-

rum secretissimarum contemplationem totius que philosophiæ cognitionem complectens. Th. de Bry, 1582.

398. ROLLIN. Hist. ancienne. *Paris*, 1738, 14 vol. in-8, rel. v.

399. SUÉTONE. Hist. des empereurs romains. *Paris*, 1670, trad. de Duteil, in-12, rel. v., br.

400. VERTRON. Le Nouveau Panthéon. *Paris*, 1686, in-8, rel. v. b., fig.

# SUPPLÉMENT

## THÉOLOGIE

401. CALMET (dom). Hist. de l'Ancien et Nouveau Testament, et des Juifs. *Paris*, 1725, 6 vol. in-12, rel. v., fig.

402. DELACROIX. Dict. hist. des cultes religieux. *Paris*, 1775, 3 vol. in-12, rel. v., fig.

403. EUCOLOGE, ou Livre d'église. *Paris*, 1771, 2 vol. in-18, rel. m. r. fil., tr. dor.

404. IMITATION de Jésus-Christ. *Paris*, 1707, in-8, rel. v., fig.

405. PASCAL (B.). Lettres à un Provincial. Pensées de Pascal. *Paris*, Didot, 1843, 2 vol. in-8, cart., fig.

406. RELAND. La Religion des mahométans. *La Haye*, 1721, in-12, rel. v., fig.

407. VIES des saints. *Paris*, 1680, in-4, rel.

## SCIENCES ET ARTS

408. ALBERT (petit et grand). *Lyon*, 1764, 2 tom. en in-18, rel., fig.

409. AMUSEMENTS géographiques. *Paris*, 1788, 2 tom. en in-8, rel.

410. BEAUX-ARTS réduits à un même principe (les). *Paris*, 1746, in-8, rel. v. f. fil., tr. dor., fig. (Aux armes.)

411. BICHAT. Rech. phys. sur la vie et la mort, rev. par Magendie. *Paris*, 1829, in-8, br.

412. CADET. Mém. sur les jaspes et autres pierres précieuses. *Bastia*, 1785, in-8, br.

413. CERIZIERS. Consolation de la philosophie. *Paris*, 1638, in-12, rel. v. b.

414. CHARRON. De la Sagesse. *Bourdeaux*, 1611, in-12, rel.

415. CONFUCIUS (la Morale de). *Londres*, 1783, rel. (Cazin.)

416. CONSTITUTION FRANÇAISE. *Paris*, 1791, in-64, rel. mar. r., tr. dor. La République en vaudeville. *Paris*, 1793, in-64, rel.

417. EMERY (d'). Recueil de secrets et curiositez. *Amsterdam*, *s. d.*, 2 vol. in-12, rel. v. br., fig.

418. HELLOT. L'Art de la teinture des laines. *Paris*, 1750, in-12, rel. v.

419. HÉRÉSIES, erreurs, schismes (Dict. des). *Paris*. 1767, 2 vol. in-8, rel.

420. KRAFFT (Ch.). Plan des plus beaux jardins pittoresques de France, d'Angleterre et d'Allemagne. *Paris*, Levrault, 1809, 2 vol. in-fol. obl., cart., n. rogn., fig.

421. LYONNOIS. Mythologie. *Nancy*, 1783, in-8, rel., fig.

422. MAISON rustique. *Paris*, 1768, 2 vol. in-4, rel., fig.

423. MÉNAGE. Dict. étymologique de la langue française. *Paris*, 1750, 2 vol. in-fol., rel. v.

424. MOUSSAUD. Plaidoyer sur quatre espèces de fleurs. *Paris*, 1817, in-8, dem. rel.

425. SCHNEEVOOGT (icones plantarum). Delineavit et in aes incidit H. Schewgman. *Harlem*, 1793, in-fol. cart., n., rogn., 45 pl. color.

426. VATIN. L'Art du peintre doreur vernisseur. *Paris*, 1787, in-8, rel.

427. VENTENAT (E. P.). Choix de plantes dont la plupart sont cultivées dans le jardin de Cels. *Paris*, Crapelet, 1803, in-fol cart., n. rogn., fig.

428. VIGNOLE. Traité d'architecture. *Venise*, 1620, in-fol., rel., fig. (Texte italien.)

429. WALDOR (Mél), L'Ecuyer Danberon. *Paris*. 1832, in-8, dem. rel., fig.

---

# BELLES-LETTRES

430. ACANTHOLOGIE, ou Dict. épigrammatique. *Paris*, 1817, in-12, dem. rel.

431. AMUSEMENTS DES DAMES, le plus joli des recueils. *Londres*, 1778, in-8, fig.

432. ANECDOTES de la maison ottomane. *Amsterdam*, 1740, édit. à la Sphère, 2 vol. in-12, cart.

433. ARIOSTE (l'). Roland furieux. *Paris*, 1777, 3 vol. in-18, rel. v.

434. ARRÉTIN (l'). *Rome*, 1772, in-8, rel.

435. BEAUMARCHAIS (de). Le Barbier de Séville, le Mariage de Figaro, et Observ. grammaticales sur Figaro, 3 vol. in-8, br.

436. BLANCHET. Apologues et contes orientaux. *Paris*, 1784, in-8, rel. v., tr., dor., port

437. BOCCACE (Contes et nouvelles de), fig. de Romain. de Hooge. *Cologne*, 1733, 2 vol. pet. in-8, rel. v.

438. BOILEAU. Le Lutrin, poëme. *Paris*, 1780, in-8, dem. rel., jol. fig.

339. BORDES PARAPILLA et autres. *Florence*, 1783, in-8, dem. rel.

440. BRETIN. Contes en vers. *Paris*, 1797, in-8, rel. v. b., fig.

441. BUSSY-RABUTIN. Hist. amoureuse des Gaules. *Cologne*, 1740, 4 vol. in-8, rel. v.

442. CAROLINE DE LICHTFIELD. *Londres*. 1786, 2 vol. in-8. (Cazin.)

453. CERVANTES (M.). Hist. de Don Quichotte. *Paris*, 1771, fig. Suite de l'hist. de Don Quichotte *Paris*, 1741, 6 vol., fig. Ens. 12 vol. in-12, rel.

444. CERVANTES (Nouvelles de). *Paris*, 1723, 2 vol. in-12, rel. v., fig.

445. CLÉMENT. Œuvres diverses. *Paris*, 1764.

448. COQUARD (Poésies de). *Dijon*, 1754, 2 vol. in-18, rel. v.

447. COSTARD. Lettres en vers. *Londres*, 1789, in-12, rel. v., fig. d'Eisen.

448. CRIGNON. Les Orangers, les Vers a soie et les Abeilles, poëme. *Paris*, 1786, in-18, Cazin, rel.

449. DÉSESPOIR AMOUREUX (le). *Amsterdam*. 1747, 2 vol. in-12, rel., fig.

450. DIDOT ainé. Essai de fables nouvelles. *Paris*, Didot, 1786, in-12, rel. v., tr. dor.

451. DUCRAY-DUMINIL. Lolote et Fanfan. *Paris*, 1793, 4 tom. en 2 vol. in-18, rel. v., tr., dor., fig.

452. DUCRAIY-DUMINIL Alexis. *Paris*, 1792, 4 vol. in-18, rel. v., tr. dor., fig.

453. ETRENNES du Parnasse. Poésies. *Paris*, 1772, in-18, dem. rel. Fables de Cazotte, in-18, dem. rel., fig.

454. FABLES et Contes. *Paris*. 1775, in-12, rel. v.

455. FURETIÈRES (Ant.). Le Roman bourgeois. *Amsterdam*, Mortier, 1714, 2 tom. en in-18, rel., fig.

456. GALANTERIES des rois de France. *Cologne*, Pierre Marteau, 3 vol. in-12, rel., fig., s. d.

457. GANEAU. Fables. *Paris*, 1760, in-12, rel. v.

458. GAUTHIER (Th.) (Poésies de). *Paris*, 1830, in-12, br., Ed. Thierry. Les Enfants et les Anges. *Paris*, 1833. Ens. 2 vol. in-12, br.

459. GOUFFÉ (Arm.). L'Esprit du Caveau. *Paris*. 1805, 2 tom. en in-18, dem. rel.

460. GRANDVAL. Le Vice puni, ou Cartouche. *Anvers*, 1768. Les Giboulées de l'hiver. *Genève*, 1782, réun. en in-8, dem. rel.

461. HÉLOÏSE ET ABEILARD (les Lettres et épîtres amoureuses d'). *Au Paraclet*, 1774. 2 vol. in-12, rel. v., portr.

462. HEPTAMÉRON français. Les Nouvelles de Marguerite, reine de Navarre. *Berne*, 1780, in-8, br., fig. de Freudenberg.

463. HOCHET des sexagénaires (le), ou Souv. d'anecdotes galantes. *Paris*, 1821, 2 vol. in-8, dem. rel.

464. JOURNAL des Muses, *Paris*, 1797, 5 vol. in-18. rel.

465. JULIEN L'APOSTAT. Voyage dans l'autre monde. *Reims*, Cazin, 1784, in-18, rel.

466. LA FAYETTE (de). La Princesse de Clèves. *Paris*, Werdet, 1826, 2 tom. in-18, dem., rel., fig.

467. LA FONTAINE (Fables choisies de). *Londres*, 1780, 2 vol. in-18, Cazin, rel. m. r., fil. tr. dor., fig.

468. LA FONTAINE (Contes et nouvelles en vers de). *Amsterdam*, 1745, 2 tom. en in-8, rel., tr. dor., fig.

469. LA FONTAINE. Œuvres diverses. *Paris*, 1729, 2 vol. in-8, rel. v. br., portr.

470. LA TOUR D'AUVERGNE. Origines gauloises. *Paris*, 1802, in-8. portr.

471. LAUNEY (DE) (Œuvres de). Théâtre. *Paris*, 1741, in-12, rel. v.

472. LA SABLIÈRE (Madrigaux de). *Paris*, Cl. Barbin, 1680, in-12, rel.

473. LE GRAND. Fabliaux ou contes des douzième et treizième siècles. *Paris*, 1781, 5 vol. in-18, rel.

474. LENCLOS (NINON DE) (Mém. sur la vie de). *Amsterdam*, 1758, 2 tom. en in-8, rel., fig.

475. LE NOBLE. Contes et fables. *Paris*, 1710, in-12, rel. v.

476. LESAGE. Le Diable boiteux. *Amsterdam*, 1794, 2 vol. in-18, rel. v., tr. dor., fig.

477. MARGUERITE DE VALOIS, reine de Navarre (Hist. de). *Amsterdam*, 1696, *suiv. la copie*, 2 tom. en in-12, rel. v.

478. MEZETIN. Vie de Scaramouche. *Paris*, Claude Barbin, 1695, in-12, rel. v., fig.

479. MIGER. Plaisirs et peines, ou les Travers d'une jolie femme. *Paris*, an IX, in-12, rel., fig.

480. MOLIÈRE (J. B. POQUELIN DE). Ses Œuvres. *Paris*, 1676-82, 8 vol. in-12, rel. v., fig. aux tom. 7 et 8 des Œuvres posthumes.

481. MUSES PROVINCIALES. *Paris*, 1788, in-8, rel. v., tr. dor.

482. NOSTRADAMUS (M.) (les Prophéties de). sur la copie, imprimée à Lyon, par Benoist Bigaud. *Troyes*, 1568. La Clef de Nostradamus, avec la critique. *Paris*, 1710, 2 tom. en in-8, rel. vél.

483. NOUVELLE bibliothèque de société. *Londres*, 1782, 4 vol. in-12, rel. v.

484. NOUVELLE hist. des derniers troubles arrivés au royaume d'éloquence. *Paris*, 1659, in-8, rel. v. b.

485. OVIDE. L'art d'aimer. *Lyon*, 1625, in-12, rel. v. m. fil.

486. PEZAI (DE). Œuvres agréables. *Liége*, 1797, 2 tom. en in-18, dem. rel., fig.

487. PIERRE DE SAINT-LOUIS. La Madeleine au Désert en Provence. *Lyon*, 1694, in-12, rel. v.

488. POÉSIES du sieur D***. *Londres*, 1731, in-12, rel. v.

489. POÉSIES (Recueil de nouvelles). *Londres*, *s. d.* in-8, rel. v. m.

490. POÈTE en goguettes (le). *Paris*, 1790, in-12, dem. rel.

491. POT-POURRI. *Amsterdam*, 1748. Les Sonnettes. *Utrecht*, 1759, réun. en in-12, rel. v.

492. PROMENADES et rendez-vous de Versailles (les). *Londres*, 1784, 2 part. en in-18, rel. v. f., tr. dor. (Cazin.)

493. RABELAIS (Fr.) (Œuvres de maître). Av. des remarques hist. et crit. de Jacq. le Duchat et Bern. de la Monnoye. *Amsterdam*, Henry Bordesius, 1711, 6 tom. en 5 vol. in-8, rel. v. F., fig.

494. RACINE (L.) (Œuvres de). *Paris*, 1747, 4 vol. in-12, rel. v. m.

495. RECUEIL des pièces du régiment de la Calotte. *Paris*, 1726, in-18, rel.

496. RIVIÈRE. Amusements sérieux et comiques. *Paris*, 1751, in-12, rel. v.

497. ROMANS. Reine Margot (la), par Al. Dumas; l'Oiseau, par Michelet; la Case de l'Oncle Tom. 7 vol. in-8, br.

498. ROSEL (BEAUMONT DE). Œuvres mêlées. *Amsterdam*, 1750, in-12, rel. v.

499. ROUSSEAU (J. J.) (Œuvres complètes de). *Genève*, 1782, 34 vol. in-12, rel., fig.

500. SACRIFICES de l'Amour (les). *Amsterdam*, 1771, 2 vol. in-8, rel. v. m. fig.

501. SAINT-PAVIN et CHARLEVAL (Poésies de). *Amsterdam*, 1759, in-12, rel. v.

502. SANTEUIL (la vie et les bons mots de M. de). *Cologne*, 1735, in-12, rel. v. fig.

503. TASSE (Le). La Hiérusalem délivrée. *Paris*, Denis Thierry, 1671, 2 vol. in-18, rel. v.

504. THEÏS (DE). Le Singe de la Fontaine, contes. *Florence*, 1773, 2 vol. in-12, dem. rel.

505. TRESSAN. Hist. du petit Jehan de Saintré. *Paris*, 1792, in-8, rel., (Cazin.)

506. VADÉ. Œuvres poissardes. *Paris*, 1784, in-18, br.

507. VILLE-DIEU (Madame) (Œuvres meslées de). *Lyon*, 1691, in-12, rel. v.

508. WINCKELMANN ADDISON, etc. De l'Allégorie. *Paris*, an VII, 2 vol. in-8, dem. rel.

509. YOUNG (Œuvres du docteur). Trad. de Letourneur. *Paris*, 1770, 4 vol. in-12. rel. v. f. fil.

# HISTOIRE

510. Almanachs des aristocrates, des honnêtes gens, des prosateurs, etc. 10 vol. rel. et br., fig.

511. Cleveland (Hist. de). *Amsterdam*, 1744, 7 vol. in-8, rel. v. f. fil., fig.

512. Daniel. Hist de France. *Paris*, 1731, 9 vol. in-12, rel. v.

513. Dufresnoy (L.) Hist. de Jeanne d'Arc. *Paris*, 1753, 3 vol. in-12, rel. v. m.

514. Empereurs (Hist. des) qui ont régné pendant les six premiers siècles de l'ère chrétienne. *Bruxelles*, 1693, 8 vol. en in-12, rel. v. b.

515. Etoile (P. de l'). Journal de Henri III. *Cologne*, 1720, 4 vol. in-8, rel. v., fig.

516. Etoile (P. de l'). Journal du règne de Henri IV. *La Haye*, 1741, 4 vol. in-8, rel., fig.

517. Graffigny (madame de). Vie privée de Voltaire et de madame du Châtelet. *Paris*, Treuttel, 1820, in-8, dem. rel., portr.

518. Histoire secrète du prophète des Turcs. *Constantinople*, 1775, in-18, rel. v. éc. fil. tr. dor.

519. Le Blanc (H.). Le Czar Pierre 1er en France. *Amsterdam*, 1741, 2 vol. in-8, rel. v.

520. Marie Stuart (Hist. de). *Paris*, 1742, 2 vol. — Rech. hist. et crit. sur l'accusation intentée contre Marie Stuart. *Paris*, 1772. Ens. 3 vol. in-12, rel.

521. Moeurs et coutumes des Français (Dict. hist. des). *Paris*, 1747, 3 vol. in-8, rel. v. m.

522. Montrésor (Mém. de). *Cologne*, 1663, pet. in-12, rel. v. (édit. à la Sphère).

523. Plutarque (l'Hist. des hommes illustres de). Trad. de La Serre. *Paris*, 1664, 2 tom. en 2 vol. in-12 rel., portr. et méd.

524. Ravanne (Mém. de). *Londres*, 1751, 3 vol. in-12, rel.

525. Voyage pittoresque de Paris. *Paris*, 1770, in-8 rel., fig.

Paris. Imprimerie de Pillet fils aîné, rue des Grands-Augustins, 5.

www.ingramcontent.com/pod-product-compliance
Lightning Source LLC
LaVergne TN
LVHW010013230826
846092LV00002B/792

* 9 7 8 2 3 2 9 6 3 7 5 0 1 *